AF358960

LETTRE

L'ENSEIGNEMENT HISTORIQUE.

LETTRE

A M. VICTOR COUSIN,

PAIR DE FRANCE,

ANCIEN MINISTRE DE L'INSTRUCTION PUBLIQUE,

SUR L'ENSEIGNEMENT HISTORIQUE;

Par M. RABANIS,

DOYEN DE LA FACULTÉ DES LETTRES DE BORDEAUX.

BORDEAUX,

CHEZ HENRY FAYE, IMPRIMEUR DES FACULTÉS,

rue du Cahernan, 11.

———

1842.

Monsieur,

Pendant votre passage si rapide, mais si utile et si
mémorable, au ministère de l'instruction publique, vous
avez commencé de grandes et courageuses réformes qui
tôt ou tard régénéreront l'Université. On ne pouvait
moins attendre de celui qui, après s'être livré aux études les plus complètes et les plus fécondes sur l'état de
l'enseignement dans les principaux centres d'instruc-

tion en Europe, entreprenait de concilier l'intérêt des sciences qui vivent dans le passé, avec les besoins de notre société moderne, qui veut marcher si précipitamment vers l'avenir. En faisant avec mesure la part des idées nouvelles, pour ce qui regarde les méthodes et la distribution du travail, vous tendiez à rendre l'instruction plus sérieuse et plus vraie. C'est de ce point de vue, et pour répondre à ce double objet, que j'ai résumé, dans les pages qui suivent, mes observations sur une des branches de l'enseignement universitaire, et à ce titre je vous en devais l'hommage. Si vous y trouvez quelques aperçus réalisables, si votre promptitude à saisir le côté pratique et rationnel des systèmes les plus incomplets démêle quelque chose d'utile dans celui que je vous présente, j'aurai obtenu l'approbation que je désirais le plus, et je serai rassuré sur l'avenir d'un enseignement auquel j'ai dévoué ma vie.

L'étude de l'histoire a pris depuis vingt ans une importance et un développement commandés par l'état de la société, par le progrès de nos institutions, par le soin de nos plus chers intérêts comme hommes, comme citoyens. Elle tend à devenir, elle est devenue, qu'on veuille ou non l'avouer, la base de l'enseignement universitaire; elle corrige ce qu'il y a de vicieux, elle perfectionne ce qu'il y a de bon dans notre système classique. Désormais on ne peut songer à la restreindre : toute modification dans ce sens, toute mesure rétrograde, accuseraient des intentions malhabiles ou perverses, et j'aime à croire que nul grand-maître de l'université ne voudra attacher son nom à un acte que l'opinion publique qualifierait sévèrement, en attendant qu'elle en fît justice.

Dès lors il ne peut plus être question que de régulariser cette étude, afin d'en obtenir tout le fruit qu'elle doit procurer, et de faire disparaître les vices qui sont cause que le temps qu'elle emporte ne profite pas également à tous les élèves.

Vous le savez mieux que moi, Monsieur, tout enseignement suppose une méthode; il existe des méthodes pour les *sciences exactes*, pour les *sciences physiques*, pour la *grammaire*, pour la *philosophie*, il n'en existe point pour l'*histoire*. Cet enseignement est le seul qui ne suive point un ordre didactique, et dans lequel on ait renoncé à exposer analytiquement les divers ordres de faits qu'embrasse la science.

Si l'on ne voyait comme autrefois, dans l'histoire, qu'une nomenclature d'événements plus ou moins dramatiques, plus ou moins réguliers; si ce n'était qu'une espèce d'état civil du genre humain où s'inscrivissent, par ordre de dates, les naissances et les décès de tout ce qui a porté un nom célèbre, peuples ou individus, peu importerait la manière dont on entreprendrait de l'enseigner; mais si l'histoire est autre chose, si elle constitue réellement une science, d'où vient qu'on ne l'enseigne pas d'après les principes d'analyse qui sont appliqués à l'étude de toutes les autres?

Ceci nous conduit à examiner quelles furent les intentions de l'Université, quel était le but qu'elle voulait atteindre, lorsqu'elle prescrivit dans les colléges l'enseignement de l'histoire.

Ce fut d'abord une étude accessoire et presque facultative, établie dans quelques colléges par forme d'essai, et comme pour rajeunir les prix de mémoire tombés dans le ridicule. Plus tard, et par des extensions isolées, l'enseignement arriva à être généralisé; mais comme aucune vue scientifique, aucune direction raisonnée, n'avaient présidé à ces établissements successifs, l'enseignement, pour être devenu obligatoire et général, n'en fut pas plus méthodique.

On ne voulait alors qu'une chose; c'était que les élèves apprissent par cœur des séries de faits disposés par ordre chronologique : les cours devaient se borner à cela, ni plus ni moins. Quant à la méthode, il n'en était pas besoin pour une œuvre de ce genre, et personne n'en eut souci. En effet, l'Université crut avoir rempli tous ses devoirs en indiquant un certain nombre d'ouvrages historiques, dont la lecture devait occuper les rares instants usurpés sur les études grecques et latines, au grand dépit des professeurs titulaires, par le nouvel enseignement. La tâche du professeur consistait à maintenir le silence pendant la lecture, et à marquer exactement la page où elle avait fini. Ce fut un grand progrès, lorsque les *Précis* qui servent de base aux cours actuels furent substitués à ces lectures infor-

mes et décousues. Les hommes supérieurs qui rédigèrent ces programmes surent y faire entrer assez d'observations et de raisonnements, pour produire une véritable révolution dans l'enseignement historique. Dès
ce moment, l'histoire ne fut plus un simple exercice
de mnémonique, et l'Université, malgré ses propres
terreurs et les influences étrangères qui la dominaient,
se trouva avoir ouvert la porte à ces théories de progrès et de mouvement social, dont un parti redoutable affectait de craindre la contagion pour la jeunesse
de nos écoles.

Toutefois si, par le fait, l'enseignement était changé
quant au but et quant à la moralité, il ne l'était point
quant à la forme, quant à la méthode. Les auteurs des
précis ne voulurent ou ne purent rien innover relativement à l'analyse et à l'exposition des faits. Cette exposition continua d'être faite comme elle l'avait été jusqu'alors dans tous les livres d'histoire, c'est-à-dire qu'on
ne distingua pas encore entre la *lecture* et l'*enseignement* de l'histoire. Or, les hommes faits peuvent apprendre l'histoire en la *lisant,* parce qu'ils possèdent
déjà les instruments d'analyse nécessaires : ils ont en
tout cas l'expérience, qui supplée chez la plupart aux
connaissances positives. Mais les enfants qui suivent
nos classes, sont-ils dans les mêmes conditions? tout
leur manque, au contraire, pour lire l'histoire avec
goût et avec succès, la force d'attention, la maturité
d'esprit, la pratique des hommes et des choses. Les précis universitaires ayant été rédigés sous l'influence des

anciennes idées, c'est toujours de l'histoire faite pour être *lue*, et non pas pour être *enseignée*. En effet, dans ces traités, dont le mérite intrinsèque peut être fort grand d'ailleurs, l'histoire est divisée, comme dans tous les autres livres élémentaires, en sections ou périodes, qui renferment intégralement tous les faits sociaux accomplis pendant leur durée chez les divers peuples, faits militaires, faits civils, faits politiques, faits moraux, etc., etc....... Il y a, comme chacun sait, quatre périodes, et par conséquent quatre traités distincts : l'*Histoire ancienne*, l'*Histoire romaine*, l'*Histoire du moyen âge*, l'*Histoire moderne;* ajoutons-y l'*Histoire de France* qui forme une division spéciale, et nous aurons les cinq cours que nos élèves parcourent successivement, à raison d'une période par année, depuis la classe de sixième jusqu'à celle de rhétorique; ou encore depuis l'âge de douze ans (terme moyen) auquel ils commencent cette étude, jusqu'à l'âge de dix-huit ans auquel ils la terminent.

Et d'abord, où est la raison, où est la base logique de cette division? est-elle fondée sur la nature des choses? L'histoire générale s'est-elle graduée elle-même en vue du progrès moral et intellectuel des enfants, et a-t-elle pris soin de s'élever, proportionnellement à l'extension de leurs facultés, des faits les plus simples à des faits toujours plus complexes, et des phénomènes les plus sensibles à des phénomènes toujours plus abstraits? pour mon compte, je n'en crois rien, ni vous, Monsieur, pour le vôtre..... Toutes les périodes, depuis la *sixième* jusqu'à la *rhétorique*, présentent donc des faits également complexes, des notions également abstraites, des difficultés de même nature. La chose est si vraie, qu'on pourrait renverser indifféremment l'ordre des cours, sans porter la moindre atteinte au fond même de l'enseignement, sans dépayser autrement les élèves que par la substitution d'un millésime à un autre. Quelle raison y a-t-il d'enseigner en rhétorique l'*Histoire de France* plutôt que l'*Histoire ancienne*, et en sixième l'*Histoire ancienne* plutôt que l'*Histoire de France?* ne faut-il pas appliquer à l'une et à l'autre les mêmes instruments d'analyse, les mêmes facultés?

L'enfant de douze ans auquel nous enseignons l'histoire ancienne se fera, je le veux bien, une idée assez claire d'une bataille, et il nous comprendra quand nous lui dirons, par exemple, qu'Epaminondas fut vainqueur à Leuctres; mais saisira-t-il avec la même facilité les principes et les effets des changements introduits par le général thébain dans la stratégie des Grecs? S'il peut se définir à lui-même avec une certaine exactitude la tyrannie de Pisistrate, aura-t-il une intelligence aussi nette de celle de Périclès? Les lois de Lycurgue ou de Solon, les révolutions sociales des villes helléniques, l'organisation religieuse et civile des peuples orientaux, tant d'autres faits, tous nécessaires, tous liés par une étroite connexion et qui forment la partie la plus instructive et la plus vitale de l'histoire ancienne, ne sont-ils point hors de sa portée? Lorsque, plus âgé d'une année seulement, nous le ferons passer à l'étude de l'histoire romaine, pourrons-nous espérer de graver dans son esprit quelques-uns des traits du peuple législateur? comment mesurera-t-il la hauteur du colosse dont Montesquieu mit vingt ans à faire le tour? L'histoire générale du moyen âge, qui succède à l'histoire romaine, ne le trouvera pas mieux préparé, quoiqu'il ait déjà trois ans de pratique, puisque ces trois années auront été employées à apprendre l'inconnu au moyen de l'inconnu. Le moindre danger d'un pareil enseignement, c'est qu'à moins d'être doués de dispositions vraiment supérieures, les élèves jetés, dès les premiers pas, hors de leur sphère d'idées et d'observations, s'habituent à écouter sans comprendre, à forcer leur mémoire sans exercer leur raison; et alors même que le progrès de l'âge les a rendus capables d'étudier avec succès, ils continuent de négliger une science qui a commencé par se montrer inintelligible.

L'enseignement par sections chronologiques ou par périodes suppose implicitement que les élèves de rhétorique n'ont pas une intelligence supérieure à celle des élèves de sixième, ou que les élèves de sixième ont l'intelligence aussi développée que les élèves de rhétorique.

Personne, j'imagine, ne répondra que l'histoire ancienne, considérée intrinsèquement, soit d'une étude plus facile que l'histoire moderne, ni plus appropriée à l'état moral des élèves qui débutent. A cette assertion gratuite, je répliquerais par une assertion directement contraire, c'est que plus les temps s'éloignent de nous, et moins il nous est possible de nous les représenter exactement par la pensée. En effet, les élèves ne jugent que par analogie, et ils prennent autour d'eux les termes de comparaison qu'ils appliquent au passé. Qu'arrivera-t-il si les mêmes signes ne répondent plus aux mêmes idées, si les termes de comparaison sont partout faux ou incomplets? Les commençants seraient donc précisément ceux qui auraient le plus de difficultés à vaincre, et les élèves des classes supérieures qui étudient des temps plus voisins des nôtres, se trouveraient avoir la tâche la plus facile. C'est un renversement complet de tous les principes admis jusqu'à ce jour en matière d'instruction.

Je m'imagine, Monsieur, que les personnes étrangères à l'enseignement, et même des professeurs, croiront que j'exagère les difficultés, et que je prête à l'Université des intentions qu'elle n'a pas, pour rendre sa méthode ridicule et odieuse. On est généralement persuadé, j'en suis sûr, que les cours d'histoire, et surtout ceux des classes inférieures, se bornent à des notions générales, à des cadres faciles à retenir, qui s'adressent plus à la mémoire qu'à l'intelligence, et ne demandent nul effort pour être compris. Ce serait une erreur. L'Université veut qu'on enseigne sérieusement l'histoire aux élèves de sixième et de cinquième : institutions civiles et religieuses, économie sociale, littérature, beaux-arts, ils sauront tout. Il n'y aura pour eux rien de trop grave, de trop complexe, ni de trop métaphysique dans les affaires humaines. Si l'on en doutait, il suffirait de consulter les programmes. Voici une classe de bambins de douze ans, tout au plus, qui se trouve changée en Académie des sciences morales et politiques; par exemple, ils devront pouvoir *faire connaître en détail la religion, le gouvernement, la législation, les mœurs, les coutumes, les sciences, les arts, les monuments des Égyptiens, depuis les temps les plus reculés jusqu'à la conquête des Perses.* Ils seront en état d'indiquer *les résultats de la conquête des Hellènes sur l'état politique et social de la Grèce, depuis la rentrée des Héraclides jusqu'au dix-septième siècle avant Jésus-Christ;* puis, comme récréation apparemment, ils résumeront *l'histoire des lettres, des sciences et des arts chez les Grecs, depuis les temps héroïques jusqu'à la réduction de la Grèce en province romaine......* Je parlais tout à l'heure de l'Académie des sciences morales et politiques : c'est mieux que cela, nos classes de sixième et de cinquième valent l'Institut tout entier.

Et vous ne plaignez pas, Monsieur, les professeurs obligés par état de parler sérieusement d'*aristocratie* et de *démocratie*, d'*Homère* et de *Thalès*, de *Platon* et d'*Aristote*, de *Phidias* et de *Démosthènes*, à des enfants qui n'ont pas encore fait leur première communion? Il est impossible de voir autre chose que des châteaux en Espagne dans un plan d'études si démesurément idéal; rappelez-vous, de grâce, le petit bonhomme de Jean-Jacques, et la moralité qu'il tirait de la médecine d'Alexandre.

Mais ce n'est encore que la moitié du mal. Je suppose que, pour ne pas trop dépasser la portée des élèves, on rétrécisse l'enseignement des premières années : quelque réduits, quelque tronqués que fussent ces cours, encore faudrait-il qu'il en restât quelque chose dans la mémoire de ceux qui les suivent. Mais, de bonne foi, combien en peut-on compter qui, à la fin de leurs études, se rappellent les cours de *cinquième*, de *quatrième*, et même de *troisième* ou de *seconde*, qu'ils ont traversés au pas de course et pour n'y plus revenir? Les plus studieux en garderont à peine quelques réminiscences incohérentes, et tout sera à refaire sur nouveaux frais lorsqu'ils voudront réellement connaître les temps anciens. Entre la première année d'histoire et la sortie du collége, il s'écoule sept ans mêlés de travaux de toutes sortes; sept ans, intervalle bien long à tout âge, mais surtout dans la jeunesse, où les impressions sont si fugitives, où le présent recule si vite dans le passé. Quelle espérance peut-on légitimement avoir que le temps n'aura pas tout emporté?

On ne peut en vérité admirer assez le malheur de cet enseignement. Dans toutes les autres études, même dans la grammaire, les élèves, à mesure qu'ils avancent, sont perpétuellement ramenés aux éléments de la science, ils ne les perdent jamais de vue et les appliquent à chaque instant. En paraissant s'éloigner de leurs premiers exercices, ils ne profitent cependant qu'à la condition de les avoir toujours présents à l'esprit, et le meilleur élève est celui qui retrouve le mieux la trace des pas qu'il a faits. Pour l'histoire, c'est autre chose : on regarde passer les périodes l'une après l'autre, comme on regarde des dessins dans un album, sans que la liaison soit plus nécessaire. Un cours terminé, on n'y revient plus, restât-on dix ans au collége; et dans les cours subséquents rien ne le rappelle, tout en éloigne : les périodes tombent dans la mémoire comme dans un sac, tant pis pour celles qui sont au fond.

Ce ne sont pas, d'ailleurs, les seuls inconvénients de la division par périodes, quoique ce soient les plus saillants. Il en est d'autres qui attaquent le fond même de la science, sa moralité, et dont nous devons tenir compte. D'abord, elle habitue les élèves à accepter comme faits, comme réalités, des divisions arbitraires; ensuite, elle fait disparaître l'unité de l'histoire générale, pour y substituer je ne sais combien d'histoires isolées qui fractionnent aux yeux des élèves le mouvement un et progressif de l'humanité.

Car, enfin, la fonction de l'histoire (nous l'avons déjà dit et personne ne le conteste), la fonction de l'histoire n'est point de transmettre le souvenir des choses passées, en ce sens que ces choses devraient être apprises pour leur valeur intrinsèque, et n'auraient pas d'autre signification que celle de leur accomplissement matériel. Ce que nous cherchons dans les faits, c'est leur rapport et leur esprit; ce que nous voulons voir par eux et derrière eux, c'est leur valeur morale; nous ne prenons l'histoire des faits que comme moyen : l'histoire des idées, voilà le but. Et cette histoire, nous voulons la suivre à travers les siècles, afin de remonter ensuite à la loi générale qui en forme le centre et le lien.

Or, cette unité de l'histoire, qui représente l'unité du développement des facultés humaines, ne peut devenir perceptible et saillante que par le rapprochement des faits de même nature, que par l'exposition comparée des phénomènes, procédant des mêmes facultés, qui se sont révélés progressivement dans la durée des temps historiques.

Prendre les peuples un à un, les démonter pièce à pièce devant les élèves comme autant de machines indépendantes l'une de l'autre, comme autant d'êtres fixes et d'humanités distinctes, c'est une méthode doublement vicieuse, en ce qu'elle fractionne la marche générale du genre humain, et en ce qu'elle force les élèves, si toutefois ils peuvent y comprendre quelque chose, à juger *à priori* les actes, les institutions, les caractères, en un mot, l'esprit et la conduite des peuples. Au lieu d'une exposition logique, on leur présente une exposition essentiellement critique, dont le but leur échappe, dont les moyens de vérification ne sont pas à leur portée, et qui substitue nécessairement le dogmatisme à l'analyse. Pendant cette *lecture* qui dure six ans, l'élève ne cherche à comprendre ni la raison ni le rapport des faits, il les prend comme on les lui donne et jusqu'à concurrence de ses facultés. — L'étude achevée, il croit ce qu'on lui a dit, parce qu'on le lui a dit;

mais il n'est pas plus capable d'en pénétrer le sens, ni de s'élever rationnellement aux lois générales de l'histoire dont il connaît tout au plus les résultats.

Cependant les enfants aiment l'histoire, et la meilleure preuve qu'ils l'aiment, c'est qu'il y en a qui s'obstinent à l'étudier, ainsi enseignée. Mais quel véritable fruit peuvent-ils en retirer, obligés, comme je le disais, d'étudier l'inconnu au moyen de l'inconnu, et quel ensemble, quelle liaison, peuvent avoir les notions tronquées dont ils chargent stérilement leur mémoire? Dans les sciences qui reposent sur des faits simples, sur des principes généraux, dès qu'un élève, quel que soit d'ailleurs son âge, aura la perception des principes fondamentaux, rien n'empêchera que, d'application en application et de conséquence en conséquence, il ne puisse atteindre aux faits les plus compliqués et aux sommités de l'étude : il suffit pour cela qu'il ne perde jamais de vue le rapport plus ou moins prochain des théorèmes qu'il construit avec les données d'où il est parti, et qu'une proposition ne lui fasse pas oublier l'autre. Ceci n'a rien d'hypothétique, car on a vu des géomètres de douze ans.

Mais dans les sciences d'observation, et surtout dans les sciences sociales, point de principes axiomatiques, points de faits simples, d'où l'on puisse partir. Il ne s'agit plus de faits inhérents à l'intelligence, et qu'elle peut étudier en réagissant sur elle-même ; c'est en même temps au dedans et au dehors de l'intelligence qu'il faut chercher les instruments d'analyse; et s'il arrive que ces instruments ne puissent pas être tous à la portée des élèves, soit parce que leurs observations n'embrassent qu'un cercle trop borné, soit parce que les facultés dont la science exige l'application attendent les progrès de l'âge et de la vie physique pour se développer en eux, alors l'étude leur sera impraticable, et leurs succès ne tireront pas plus à conséquence que ces végétations artificielles que l'électricité développe en un clin d'œil.

Permettez-moi, Monsieur, une comparaison qui n'est pas, je crois, sans justesse. Les élèves de nos colléges sont, par rapport aux questions historiques, dans la position où étaient les anciens par rapport aux questions d'astronomie. L'astronomie n'était point une science que l'on pût construire, comme la géométrie, en allant du simple au composé, et dont le développement reposât sur l'application logique d'un petit nombre de définitions ou d'axiomes fondamentaux. Les questions astronomiques étaient complexes : il fallait, pour les résoudre, l'observation d'une multitude de faits, et l'application de plusieurs sciences qui n'existaient pas encore. Aussi le vulgaire se représentait le soleil comme une voiture traînée par des chevaux, et les savants considéraient l'écliptique comme une zone de cristal. Ce n'est que lorsque l'observation, servie par des instruments merveilleux, eut appris à voir les astres là où ils sont et à mesurer leurs courbes et leurs distances; ce n'est que lorsque les progrès de la physique et de la mécanique eurent déterminé les lois de la pesanteur et

de l'attraction, que l'astronomie put se dire une science.

Nos élèves aussi ont à juger des faits complexes, et
les moyens d'observation et de vérification leur man-
quent. Les révolutions politiques sont pour eux ce que
les révolutions sidérales étaient pour les anciens. Ce
sont des mouvements compliqués qui ont besoin d'être
dépouillés, analysés, au moyen des notions que l'élève
acquerra successivement, c'est-à-dire des notions de
morale, de logique, de législation, d'économie sociale,
qui ne peuvent venir avant l'âge de la réflexion et de
la maturité.

Conclurons-nous, avec **Volney**, de ce qui précède,
qu'il faut renoncer à enseigner l'histoire aux enfants, ou
même à qui que ce soit? et dirons-nous qu'en raison
même des difficultés de la matière, l'enseignement actuel vaut autant qu'un autre, puisque, après tout, cette
étude sera toujours incomplète, si ce n'est illusoire?
Non, ce que j'examine et ce que je vous ai prié, Monsieur, d'examiner avec moi, c'est de savoir s'il n'y aurait
pas moyen de corriger les imperfections manifestes de
la routine que nous suivons, pour y substituer une méthode rationnelle et qui tînt compte du développement
intellectuel et moral des élèves; une méthode qui, pré-
sentant *successivement* et non point *simultanément* à leur
attention les divers ordres de faits historiques, propor-
tionnât les problèmes à leurs facultés, et n'en devançât
jamais la portée.

Il est évident qu'à l'âge où les élèves de nos colléges commencent leurs études historiques, ils ne possèdent que des instruments d'analyse très-bornés et applicables seulement à l'observation des faits sensibles ; et il n'est pas moins évident qu'à l'âge où ils terminent ces études, ils ont acquis à peu près toutes les facultés intellectuelles nécessaires pour la perception entière des faits les plus complexes de l'histoire. Ce développement graduel et continu qui s'est opéré en eux dans l'espace de six années, est-il ou n'est-il pas mis à profit par le mode actuel d'enseignement ? — Car la question n'est point de savoir si l'on peut, ou non, enseigner l'histoire aux enfants, c'est-à-dire si, étant donné un élève de dix ou douze ans, il sera possible de mettre dans son esprit tous les faits historiques et toutes les raisons de ces faits. Ce que nous devons chercher, c'est le meilleur moyen d'utiliser, pour l'enseignement historique, les six ans que nos élèves consacrent à cette étude. La vraie question est donc celle-ci : un élève au sortir du collége, c'est-à-dire un jeune homme de dix-huit à dix-neuf ans, peut-il posséder parfaitement l'histoire générale ? Et comme l'affirmative ne saurait être contestée, nous poserons le problème en ces termes : six ans étant donnés pour l'étude de l'histoire, indiquer le moyen de graduer cet enseignement de telle façon que jamais les notions données à l'élève ne dépassent son intelligence, et qu'à la sortie du collége il ait tout appris, sans avoir rien pu oublier ?

Mettre l'enseignement en rapport avec le développement intellectuel des élèves pendant tout le temps qui lui est consacré; ne rien dire qui doive nécessairement être oublié par eux, tel serait alors le double but des réformes à faire dans l'enseignement historique.

Il est évident que, pour parvenir à réaliser la première partie de ce plan, nous devrons renoncer à l'exposition par sections chronologiques, exposition dont j'ai montré le vice et le ridicule, sous le rapport de la distribution des matières.

La seconde réforme, qui sera une conséquence de la première, devra avoir pour objet de ramener les élèves continuellement, et d'année en année, sur les faits qui leur auront déjà été signalés. Tandis qu'ils oublient maintenant ce qu'ils apprennent au fur et à mesure qu'ils avancent, la méthode nouvelle devra les mettre à même de se rappeler continuellement ce qu'ils auront vu, et de s'en rendre un compte toujours plus clair, toujours plus analytique. De telle sorte que si au début de l'étude quelque notion fausse ou incomplète avait pénétré dans leur esprit, ils aient plus tard les moyens de la rectifier ou de l'étendre.

Ces deux résultats ne pourront être obtenus que si la distribution des matières, ou plutôt l'analyse des questions historiques, est faite de manière à ce que, depuis la première année jusqu'à la dernière, les élèves ne perdent jamais de vue ni les temps, ni les lieux, ni les personnes dont on leur aura parlé une fois; et à ce que l'étude se développe, d'année en année, proportionnellement au développement de leur propre intelligence, comme ces teintes de plus en plus foncées que les enlumineurs appliquent sur une estampe pour arriver à la nuance voulue.

Pour opérer en même temps et du même coup la double réforme dont je viens de signaler la nécessité, il n'y a qu'une seule chose à faire, c'est de substituer à l'exposition des faits complexes l'exposition successive des éléments de ces faits; c'est d'enseigner l'histoire, non point par ordre chronologique ou par périodes, mais *par ordre de matières et d'idées.*

Afin de mieux rendre mon intention, quoique ce que je propose soit facile à deviner, je hasarderai encore un exemple, et je vous prie de me le pardonner, car ce sera au moins une longueur. Je suppose que, visitant la galerie du Louvre avec plusieurs jeunes gens de l'âge de dix à dix-huit ans, je m'arrête devant le tableau de Gérard qui représente Louis XIV acceptant la couronne d'Espagne pour le duc d'Anjou, et que chacun de mes jeunes compagnons me questionne à son tour sur le sujet de cette admirable page. Il est clair que les questions seront plus ou moins sérieuses, en raison de l'âge des questionneurs, comme il est clair que je ne pourrai répondre à chacun que selon sa portée, c'est-à-dire jusqu'à concurrence de ses moyens : c'est ce que tout autre à ma place ferait comme moi. J'en dirai moins aux plus jeunes, j'en dirai davantage aux plus âgés. A ceux de dix et onze ans, je répondrai que la France et l'Espagne sont deux grands états de l'Europe occidentale, et que le tableau représente le roi de France Louis XIV, auquel les envoyés d'Espagne demandent son petit-fils pour régner sur eux. A ceux de douze et de treize, je dirai de plus que l'Espagne avait été gouvernée antérieurement par une branche de la maison d'Autriche, rivale de la maison de France; j'ajouterai qu'il y avait eu de longues guerres entre les deux états, et que l'avénement d'un Bourbon à la couronne d'Espagne devait assurer désormais la prépondérance de la France en Europe. A ceux de quatorze et de quinze ans, je rappellerai la rivalité de François Ier et de Charles-Quint, et la guerre de trente ans; je leur exposerai les motifs et les conséquences des traités de Westphalie et des Pyrénées; j'examinerai avec eux comment Louis XIV, dont l'ambition avait rompu l'équilibre européen et avait tourné toutes les puissances contre lui, saisissait, en acceptant la succession de Charles II, une occasion de déchirer les traités qui lui avaient été imposés, et de reconquérir cette monarchie universelle qui lui avait échappé. Enfin, avec ceux de dix-sept et de dix-huit, je puis entrer dans des détails étendus sur l'état intérieur des deux royaumes : par rapport à la France, les causes de la puissance de Louis XIV au dedans et au dehors; son despotisme, ses manufactures, ses finances, ses palais, ses armées, les désordres de sa conduite; la réaction contre les protestants d'une part, et de l'autre contre l'autorité spirituelle; par rapport à l'Espagne, les causes de la décadence de cette monarchie, le

despotisme de Charles-Quint et de Philippe II, l'Inqui-
sition, l'émigration perpétuelle en Amérique, les résultats de l'abondance des valeurs métalliques, la cessation de l'industrie nationale, les motifs du testament
de Charles II. En face de ces deux états, je placerai
l'opposition européenne dirigée par Guillaume d'O-
range, et je ferai entrevoir à quel prix et par combien
de sang versé sera réalisé le mot de Louis XIV : *Il n'y
a plus de Pyrénées.*

Véritablement, Monsieur, je n'aurais fait, en donnant
cette leçon improvisée d'histoire, qu'obéir au plus simple bon sens, et je le disais d'avance, il n'y a personne
qui n'eût fait comme moi. Qu'auriez-vous pensé si, ne
tenant nul compte de la différence d'âge et d'instruction de mes auditeurs, j'avais débité toutes ces choses
d'un seul trait aux plus jeunes comme aux plus âgés,
et que j'eusse exigé qu'ils comprissent tous au même
degré les divers ordres de faits que j'avais à détailler,
faits géographiques, faits politiques, faits moraux, faits
militaires, faits diplomatiques, faits religieux, etc. ?
vous auriez plaint les élèves et souri du professeur.
Pourtant l'Université fait-elle autre chose ? n'applique-t-
elle pas précisément cette méthode vicieuse et cruelle
en même temps, qui ne tient nul compte du développement intellectuel des enfants, et qui demande à tous,
élèves de grammaire ou élèves de rhétorique, la so-
lution des mêmes problèmes ? car, je l'ai dit en commençant, il n'y a rien de plus élémentaire ni de moins
complexe dans l'histoire ancienne que dans l'histoire

moderne. La guerre du Péloponèse ou la guerre de Trente-ans, la négociation du traité d'Antalcidas ou celle du traité de Westphalie, la révolution philosophique produite dans l'ancien monde par Socrate ou dans les temps modernes par Descartes, en quoi ces faits diffèrent-ils quant à leurs éléments, quant à leur portée, quant à leur complication? et sous quels rapports les uns sont-ils plus intelligibles que les autres pour des élèves de sixième? Il est évident que, si ceux qui appartiennent à l'histoire moderne sont à peine à la portée des élèves qui vont achever leurs études, ceux qui appartiennent à l'histoire ancienne échapperont tout à fait aux élèves qui les commencent.

Mais je m'aperçois que je tombe dans les redites, et qu'au lieu de tirer les conséquences de l'exemple que j'avais pris, en indiquant de quelle manière les questions historiques devraient être décomposées pour donner lieu à une exposition graduelle qui suivît le développement de l'intelligence, je recommence la critique du mode actuel. Je reviens donc à l'exemple du tableau; et comme exposer une question historique, ce n'est pas faire autre chose que ce que j'ai fait en rendant compte d'une image, je vais appliquer à un fait de l'histoire ancienne, à la guerre du Péloponèse, ma méthode de décomposition, après avoir mis en regard les deux systèmes, celui de l'Université et le mien.

D'après les programmes actuels, nous disons à un élève de douze ans, qu'il y eut deux villes nommées l'une Sparte et l'autre Athènes, dont l'inimitié causa une guerre nommée guerre du Péloponèse; que cette guerre qui partagea tous les états helléniques dura vingt-sept ans, et se termina par la prise d'Athènes.—Jusqu'ici ce sont des idées que l'enfant saisit sans effort, et que sa mémoire se fait un jeu de retenir. — Mais si, pénétrant davantage dans le sujet, nous commençons à exposer les motifs de nationalité, d'organisation politique, de jalousie réciproque, qui pouvaient diviser ces deux peuples ; si nous comparons leurs ressources et leurs moyens de force et d'influence, l'enfant ne nous suit plus qu'avec effort, parce que nous parlons une autre langue que la sienne. Nous devrions nous arrêter, puisque le mouvement intellectuel de l'enfant s'arrête; mais non, le *programme* ne le veut pas : nous continuerons donc, et à tous ces faits que notre élève n'a pas compris, nous ajouterons l'exposition de la révolution morale produite par Socrate; nous détaillerons l'histoire et le but de la période sophistique chez les Athéniens ; nous déploierons le tableau de la rivalité des villes siciliennes, ou des intrigues des satrapes qui gouvernaient les provinces de l'empire persan..... Mais il y a longtemps que l'enfant a cessé de nous écouter, et qu'il n'entend plus rien des belles choses que nous lui disons. Il est clair que, passé les premiers mots, nous avons parlé en pure perte. — Maintenant supposons qu'au lieu de vouloir ingérer dans son esprit, d'un seul trait et en une seule fois, cette masse d'idées qui lui deviennent de moins en moins perceptibles, j'en divise l'exposition par doses que je distribuerai en six

années, et qui ne lui seront présentées, l'une après l'autre, qu'à mesure qu'il acquerra les instruments d'analyse nécessaires : on conviendra que j'éviterai du moins
d'anticiper sur les facultés de l'élève, et que j'aurai
toute chance d'être compris.

Examinons donc comment les faits relatifs à cette
guerre du Péloponèse devraient être distribués :

1° (Douze ans). État physique de la Laconie et de
l'Attique, — Description comparée du sol sous le rapport de la géologie et de la minéralogie; climats, mé-
téores, — Nomenclature des bourgs et villes anciennes; synonymies avec les bourgs et les villes modernes, — Rapports des villes soit avec les cours d'eau,
soit avec la mer; modifications survenues dans ces rapports.

2° (Treize ans). Population primitive de la Laconie
et de l'Attique, — Différences physiologiques et morales de ces populations, — Date de la fondation de Sparte,
— Date de la fondation d'Athènes, — Formes exté-
rieures du gouvernement de l'une et de l'autre, aux
diverses époques, — Leur plus grande population et
leur plus grande étendue dans les temps anciens et dans
les temps modernes, — Chronologie et synchronismes de
leur histoire respective, — Noms et époques des grands
hommes qu'elles ont produits dans tous les genres.

3° (Quatorze ans). Organisation de la force publique
chez les Spartiates et les Athéniens, — Troupes mobiles,

réserve, appel des contingents, — Répartition des diverses classes de citoyens entre les différentes armes, — État
et comparaison des forces respectives des deux républiques au commencement de la guerre du Péloponèse, —
Étude du théâtre de la guerre, Grèce proprement dite,
mer Ionienne et mer Égée, Thrace, Thessalie, Macé-
doine, Sicile, Grande-Grèce, Asie mineure, — Division
de la guerre en trois périodes, — Faits militaires de chaque période, Intervention des puissances étrangères, —
Rôle des Perses, — Progrès de la stratégie et de la po-
liorcétique, — État des deux républiques à la fin de
la guerre.

4° (Quinze ans). Classification des citoyens à Athè-
nes et à Sparte, — État des terres et de la propriété,
— Exploitation du sol, — Industrie et commerce, —
Objets des échanges, — Rayon du commerce, — Co-
lonies envoyées au dehors, — Objets de ces colonies,
leurs rapports avec les métropoles, — Vie privée des
Athéniens et des Spartiates, — Mœurs et usages, —
Architecture civile et religieuse, — Calendrier.

5° (Seize ans). Institutions primitives de Sparte et
d'Athènes, — Législation de Lycurgue et de Solon,
— Lois civiles des deux états, — Rapports des personnes, — Administration publique, — Conseils sou-
verains, tribunaux, police, — Effet de la différence des
institutions sur les dispositions réciproques des deux
peuples, — Protection accordée aux aristocraties par
les Spartiates, et aux démocraties par les Athéniens. —

Modifications produites par la guerre du Péloponèse sur ces mêmes institutions, — Négligence des lois de Lycurgue à Sparte, — Révolution dans Athènes et lutte entre l'aristocratie et la démocratie, — Gouvernement de Lysandre à Sparte, — Gouvernement des Trente à Athènes, — Affaiblissement moral et matériel des deux puissances belligérantes.

6° (Dix-sept ans). Théorie du symbolisme hellénique, — Culte et fêtes nationales, — Rapport de la religion avec la politique et la littérature, et puissance des croyances helléniques jusqu'à la guerre du Péloponèse, — Les beaux-arts sous Périclès, — Les sophistes, Socrate ; rapport de sa doctrine avec celles des Orientaux, — Rôle d'Alcibiade, — Réaction religieuse dans les masses, — Dissolution inévitable des liens sociaux par l'absence de foi, — Affaiblissement du patriotisme, — Rapport de l'état moral des Athéniens avec les circonstances et l'issue de la guerre du Péloponèse.

Tel est l'ensemble des idées de tout genre qui se groupent autour du fait complexe que nous nommons la guerre du Péloponèse. Aucune d'elles ne doit être omise par celui qui veut donner ou acquérir une connaissance raisonnée de ce fait, et ce ne serait ni l'enseigner, ni l'apprendre, que de se borner à l'exposition d'une partie des circonstances indiquées dans notre analyse. Or, à moins que l'esprit de système ne m'égare singulièrement, il me semble que la marche que j'ai suivie atteint le double but que je m'étais proposé, savoir, d'établir premièrement un rapport constant et exact entre l'intelligence des élèves et les difficultés de l'étude; ensuite de graduer l'explication des faits historiques de telle sorte que les élèves y soient ramenés d'année en année, et que le professeur puisse à chaque leçon, et cela pendant six ans, s'assurer qu'ils n'ont oublié aucun des détails donnés antérieurement.

La guerre du Péloponèse devient alors un tableau, un dessin dont je présente, en quelque sorte, six épreuves successives qui vont se remplissant et se complétant toujours davantage, depuis le simple trait jusqu'au dernier fini des hachures et des ombres. La première est un cadre qui ne donne que des contours ; la dernière est le tableau complet, avec tous ses effets de lumière et de couleur; entre ces deux termes extrêmes se classent les gradations qui servent à passer de l'un à l'autre.

Je viens de livrer la clef de la méthode à laquelle mes réflexions et mon expérience m'ont conduit; il ne s'agit plus que d'appliquer à tous les faits et à l'histoire de tous les peuples le procédé analytique qui nous a servi pour un fait spécial.

Vous voyez, en effet, Monsieur, que les notions que j'ai divisées par degrés, forment des séries de faits parfaitement distincts les uns des autres, quoiqu'ils convergent au même résultat. Ces notions ne sont pas autre chose que des fragments particuliers d'autant d'histoires générales que j'ai coupées et détachées, pour ainsi dire, à l'endroit de la guerre du Péloponèse. Il est évident qu'elles ont rapport, celles du premier degré, à la *géographie;* celles du deuxième, à la *chronologie;* celles du troisième, à l'*art militaire;* celles du quatrième, à l'*économie sociale,* à l'*industrie,* et au *commerce;* celles du cinquième, à l'*administration politique et civile;* celles du sixième, aux *arts et aux sciences.* Supposez maintenant que nous parvenions à établir séparément toutes ces notions dans la mémoire des élèves, pour les divers peuples dont ils doivent étudier l'histoire, et cela en dépouillant successivement tous les faits géographiques, tous les faits chronologiques, tous les faits militaires, sociaux, politiques et religieux de l'histoire générale, supposez, dis-je, ce résultat obtenu après les six années d'étude, n'aurons-nous pas fait pour tous les événements historiques ce que nous avons fait pour la guerre du Péloponèse? Qu'il soit question de César ou de Charles-Quint, de la guerre sacrée, ou de celle de Trente ans, nos élèves auront appris tout ce qu'ils doivent savoir sur chaque objet, et ils n'auront rien pu oublier.

On comprendra, en effet, qu'au lieu de ne leur parler qu'une fois en six ans de la guerre du Péloponèse, je leur en aurai parlé six fois, c'est-à-dire une fois chaque année; et chaque fois, j'aurai pu m'assurer que les leçons des années précédentes n'ont pas été oubliées : à tout le moins pourrai-je les rappeler succinctement. Au lieu de ne leur en parler que lorsqu'ils sont enfants, je leur en parlerai non-seulement à douze ans, mais à treize, mais à quinze, à dix-sept, pendant tout leur développement intellectuel. **Arrivés à la fin des cours, à la sixième année**, et ayant parcouru de cette sorte l'histoire générale tout entière, ils devront posséder avec une égale facilité les faits anciens et les faits modernes, car pour eux les premiers ne seront pas plus vieux que les derniers, en ce qui touche l'enseignement : ils les auront tous vus en même temps.

On me dira, et je m'y attends, Monsieur, que mon système n'est point une nouveauté; mais c'est la meilleure raison que j'aie à donner pour en prouver la convenance. Cette méthode est depuis longtemps connue et pratiquée pour l'exposition analytique des divers ordres de faits qu'embrassent les sciences historiques. Nous avons des traités de *Géographie historique*, de *Chronologie générale*, d'*Histoire militaire*, *littéraire*, etc. Ce que je propose, c'est qu'on adopte cette division pour l'enseignement. Ce qu'il y a de certain, c'est que les étrangers ont déjà senti les inconvénients du système actuel; et un des meilleurs historiens allemands, M. de Rotteck, a presque adopté ma classification dans son histoire ancienne.

Si les aperçus que je viens de vous soumettre ont quelque valeur, il doit me suffire de les avoir indiqués, et je n'ai ni l'autorité ni les connaissances nécessaires pour tracer le nouveau système d'enseignement qui en serait l'application. Ma tâche finit où celle des hommes spéciaux commence, c'est assez pour moi d'avoir signalé la direction de la route : elle sera ouverte et fondée pour d'autres qui auront tout ce qui me manque, le temps, le talent, et la volonté. Toutefois je ne peux ni ne dois clore ces aperçus, avant d'avoir exposé sommairement l'idée que je me fais d'un cours dirigé d'après mes principes.

La biographie des individus présente trois classes de phénomènes qu'on expose séparément; ce sont : 1° les faits relatifs à la vie organique ou à la forme sensible; 2° les faits relatifs à la vie professionnelle ou à l'activité extérieure; 3° les faits relatifs à la vie intérieure ou à l'activité morale.

Les sociétés prises chacune à part, et le genre humain considéré en général, sont des individus collectifs, et leur existence présente nécessairement ces trois classes de phénomènes. Cette division deviendra donc la base de l'enseignement. Ce sont trois faces de l'histoire générale qu'il nous faut montrer l'une après l'autre, en réunissant les faits du même ordre sous le même point de vue pour toute la durée des temps historiques, et en nous adressant successivement à la mémoire, à l'intelligence et à la raison de nos élèves.

Remarquons, en effet, comme l'exposition successive de ces trois ordres de phénomènes se développe dans une gradation constamment appropriée à leur âge et à leurs facultés.

Le premier ne présente que des faits relatifs à l'état

physique du globe, aux mouvements des diverses sociétés sur sa surface, et au séjour plus ou moins long que ces sociétés y ont fait sous leurs qualifications nationales. Ce sont des descriptions et des portraits qui s'adressent aux yeux plutôt qu'à l'esprit. La situation relative des états, leur durée, leur chute, il n'y a rien dans ces idées qui ne puisse être admis par l'intelligence la moins avancée. Ces notions de régions, de familles humaines, de temps, de naissance, de mort, forment précisément tout le mobilier intellectuel des enfants; ils les ont déjà et nous les apportent, ce sont des points fixes auxquels nous devons attacher la chaîne des connaissances nouvelles qu'il s'agit de leur donner.

Le second renferme des phénomènes mixtes, c'est-à-dire dans lesquels les idées sensibles et les notions morales entrent pour moitié. Mais les faits moraux qui marchent ici derrière les faits sensibles, n'ont encore rien d'abstrait, rien d'absolu. Il s'agit seulement des instincts qui s'éveillent les premiers dans l'homme et que l'enfance peut déjà comprendre, parce qu'elle peut les sentir. Ainsi du besoin ou de l'instinct de conservation, inhérent à tous les êtres organisés, nous voyons naître les applications successives de la puissance industrielle ou créatrice de l'homme. De là, ses luttes et ses conquêtes sur la nature extérieure; de là aussi les luttes des sociétés entre elles et les variations de leurs rapports qui, selon les temps et les lieux, aboutissent tantôt à une séparation absolue, tantôt à une fusion inévitable.

Le troisième ordre, enfin, renferme les phénomènes purement moraux et intellectuels. C'est le travail de l'esprit s'étudiant lui-même, analysant ses procédés, et cherchant sa place dans l'ordre de la création. Les institutions sociales, les beaux-arts, les doctrines philosophiques et religieuses, tels sont les éléments dans lesquels nous cherchons le sens et le but de ce travail. Arrivés au terme de leurs études classiques, nos élèves pourront être introduits avec succès dans l'observation de ce dernier ordre de phénomènes qui, dans la méthode actuelle, est absolument perdu pour eux.

Relativement à la disposition et au mécanisme de l'enseignement, deux cours spéciaux seraient affectés à chaque ordre de faits, d'après la répartition que j'ai indiquée plus haut, et d'après le nombre d'années consacré aux études historiques.

1er ordre.
- En Cinquième, la *Géographie physique et historique;*
- En Quatrième, la *Chronologie générale.*

2e ordre.
- En Troisième, l'*Histoire militaire;*
- En Seconde, l'*Histoire économique et sociale.*

3e ordre.
- En Rhétorique, l'*Histoire civile et politique;*
- En Philosophie, l'*Histoire littéraire, philosophique et religieuse.*

Il resterait, après ces données générales, à montrer la méthode en action pour en faire distinguer les véritables caractères, soit par rapport à la classification des phénomènes, soit par rapport à l'enchaînement des cours et à leur mutuelle dépendance; il resterait à déterminer la spécialité, la marche et le but de chaque cours; mais, je l'ai déjà dit, cette œuvre ne saurait me regarder.

Seulement j'ajouterai quelques observations sur les résultats qu'aurait nécessairement cette nouvelle répartition, je ne dis point par rapport aux progrès des élèves et au bon emploi du temps, c'est, je pense, chose convenue; mais relativement à l'influence et à la moralité du cours.

Aujourd'hui, je ne crains pas de le dire, les élèves les mieux disposés n'attachent à l'histoire qu'un intérêt de curiosité, tout au plus un intérêt scientifique. Les professeurs eux-mêmes seraient embarrassés de définir la conclusion morale qu'ils placent au bout de ces six années de travaux. Ce n'est pas à dire qu'ils ne sachent fort bien ce qu'ils font et dans quelle direction ils conduisent leurs élèves; à cet égard, comme à beaucoup d'autres, l'enseignement historique de nos colléges est au-dessus de tout éloge. Mais il n'en est pas moins incontestable que les cours commençant à un âge auquel les élèves ne sont capables ni de comprendre, ni de réfléchir, ni de comparer, il doit leur être impossible de saisir les relations des faits et de discerner la moralité de l'histoire générale, qui est l'expression d'une infinité de rapports. Et à supposer qu'ils eussent compris la loi ou la tendance morale des faits dans la dernière partie du cours, c'est-à-dire pour ce qui regarde les temps modernes, tout le reste, histoire ancienne, histoire romaine, histoire du moyen âge, n'en resterait pas moins vague et obscur pour eux.

Cette absence de but ou de moralité disparaîtrait par suite de la nouvelle division, attendu que chaque série de faits aboutirait à une conclusion aussi perceptible, aussi évidente, pour les élèves de chaque série, que ces faits eux-mêmes. De cette sorte, la grande loi à laquelle obéissent les phénomènes historiques se trouverait démontrée à la fin des six années d'études par ses diverses *formules*. Je me ferai mieux comprendre en donnant ici le résumé des divers cours.

PREMIÈRE ANNÉE, *Géographie physique et historique.* Objet du cours : Étude du globe dans ses rapports avec la sphère céleste ; étude de la surface terrestre dans ses rapports avec les besoins de l'homme. — Rapports des diverses sociétés anciennes et modernes avec cette surface ; détermination de toutes les localités historiques. — *Formule du cours :* Connaissance et exploitation progressive de la surface terrestre par le genre humain, — multiplication des sociétés ou centres d'exploitation, — mouvement des populations d'orient en occident.

DEUXIÈME ANNÉE, *Chronologie générale.* Objet du cours : Rapport des sociétés entre elles quant à la durée ; migrations et croisement des races ; classification des faits et des personnages remarquables; synchronismes. — *Formule du cours :* Origine et propagation de l'ordre social; division progressive des empires; stabilité des sociétés modernes comparées aux sociétés anciennes; rapports et dépendance mutuelle des histoires particulières; rapports et dépendance des faits, depuis les temps anciens jusqu'à nos jours.

Troisième année, *Histoire militaire.* Objet du cours : Rapport des sociétés entre elles quant à la force et à la faiblesse physiques; perfectionnement des moyens d'attaque et de défense; fréquence comparée des guerres dans les sociétés anciennes et dans les sociétés modernes; substitution des armées régulières aux armées civiques et féodales. *Formule du cours :* Distinction des peuples producteurs et des peuples héroïques; causes fondamentales d'hostilité entre les races; croisement des races par la guerre; résultats politiques de la formation des grands empires; diminution de l'effusion du sang, en raison des progrès de la science militaire et du perfectionnement des moyens de destruction; la guerre passe à l'état de science; cessation progressive des guerres de conquêtes ou d'intérêt matériel; guerres d'intérêts moraux ou de principes; système d'équilibre européen.

Quatrième année, *Histoire économique et sociale.* Objet du cours : Rapport des sociétés entre elles quant à la puissance productive ou industrielle; théorie des valeurs; origine, matières et voies des échanges; révolutions et âges du commerce; industries spéciales des diverses nations; influence de ces industries sur la distribution de la richesse; économie domestique des peuples anciens et modernes; l'esclavage, le travail libre. *Formule du cours :* Équilibre et dépendance des deux parties de l'ancien monde (Orient et Occident) quant à la production et à la consommation; importance des rapports avec l'Orient; substitution graduelle de la force productive à la force militaire; accroissement continu des jouissances matérielles et du bien-être dans les diverses classes des peuples civilisés; affranchissement des esclaves et des serfs; progrès de l'esprit d'association.

CINQUIÈME ANNÉE, *Histoire civile et politique.* Objet du cours : Rapport des sociétés entre elles quant à la législation, à la distribution du droit, et à l'ordre intérieur. *Formule du cours :* Progrès et épuration de l'idée du *droit*, depuis les temps anciens jusqu'à nos jours; répartition toujours plus égale des capacités politiques; étude et définition régulière des droits civils; protection accordée aux personnes et aux propriétés; progrès de la morale privée et publique.

SIXIÈME ANNÉE, *Histoire littéraire, philosophique et religieuse.* Objet du cours : Rapport des sociétés entre elles quant à la pratique des arts et des sciences, quant aux doctrines morales, aux objets et aux formes du culte. *Formule du cours :* Origine et objets des connaissances humaines; diffusion progressive des lumières et des moyens d'étude; tendance à l'unité dans l'ordre intel-

lectuel et moral, comme dans l'ordre politique; épuration des dogmes religieux; puissance de l'opinion;
libre exercice des facultés humaines.

Il est bien entendu, Monsieur, qu'en traçant rapi-
dement ces programmes, si ce nom peut être donné à
des vues aussi incomplètes, je ne présente rien d'ar-
rêté, rien d'absolu; je laisse chacun libre de concevoir
et de formuler comme il le voudra l'ensemble de chaque cours : il me suffit de faire voir que l'objet en peut
être assez clairement défini et la conclusion assez net-
tement indiquée, pour que chacun laisse dans l'esprit
des élèves une moralité ineffaçable.

Ne serait-ce pas un avantage que chaque section du
cours d'histoire formât de cette manière un tout qui
pût être appris indépendamment des autres, et laissât
dans l'intelligence un ordre de faits bien défini et bien
complet? Un grand nombre d'élèves quittent les bancs
de nos colléges avant d'avoir achevé le cours des études classiques : ceux-là, n'emportant du collége que des
fragments d'une ou de plusieurs de nos *périodes* ac-
tuelles, ne possèdent en entier aucun ordre de faits;
ils restent étrangers aux événements les plus rappro-
chés de nous, et par conséquent les plus nécessaires à
connaître; enfin, les notions exclusives et partielles
qu'ils ont reçues ne peuvent leur être d'aucune utilité,
d'aucun secours dans la pratique de la vie : elles sont
sans application et sans résultat. D'après mon plan, l'in-
terruption des études aurait bien moins d'inconvénients

en ce qui concerne l'histoire. Dès la cinquième, ils acquerraient dans la géographie physique et la géographie historique une somme d'idées et de faits d'une utilité absolue, d'une application directe et journalière. J'en dirai autant du cours de chronologie générale, de celui d'histoire militaire, d'histoire sociale, etc.; car chacun de ces cours est réellement une histoire à part, une langue distincte et spéciale, que l'élève sorti d'entre nos mains aurait à chaque instant l'occasion d'entendre et de parler.

Je prévois une objection dont le côté faible vous frappera, Monsieur, avant que j'y aie répondu : on me demandera si je crois possible de faire tenir, dans l'espace d'une année classique, chacune des séries de faits qui composeraient mes divisions, comme la chronologie générale, l'histoire militaire, l'histoire sociale, en un mot, chacun des divers cours que j'ai indiqués. Mais, comme vous l'avez pressenti à coup sûr, ceux qui élèveraient cette difficulté ne feraient pas attention que je n'innove, que je n'ajoute rien à la somme des matières destinées à l'enseignement historique, d'après la méthode actuelle. Tous les événements, toutes les idées qui forment mes six divisions, l'Université n'entend-elle pas qu'on les développe, qu'on les explique aux élèves? seulement, elle n'y veut employer que cinq ans, tandis que moi j'en prends six. Ma réforme portant, non sur le total, mais sur la distribution des faits à enseigner, il est évident que ce qui pouvait se faire en cinq ans se fera, *à fortiori*, en six, et que si l'on obtenait de bons résultats dans un temps moindre, on en obtiendrait de meilleurs avec un temps plus long.

Au nombre de ces résultats, les esprits positifs mettront d'abord, je l'espère, la possibilité de donner les développements nécessaires à des faits jusqu'ici trop négligés, et ensuite l'avantage de présenter sous une forme systématique et de rallier sous le même point de vue les diverses manifestations de la pensée humaine.

Ainsi, n'est-il pas incontestable que la plupart des périodes qui forment les cours actuels, sont restreintes par la force des choses, c'est-à-dire par le peu de rapport qu'il y a entre la nature des faits et l'intelligence des élèves, à des notions de chronologie générale, d'histoire militaire, d'histoire politique? Des dates et des noms propres, des résumés de guerres et de batailles, des titres de lois mentionnés à propos des révolutions politiques, voilà le fond de l'enseignement. De la sorte, tout ce qui tient à la vie privée et publique des nations leur échappe, ainsi que le rapport, si nécessaire à connaître de bonne heure, entre les lois et les mœurs, entre les idées et les faits.

L'économie intérieure des sociétés anciennes, les principes qui régissaient les institutions, les sources de la richesse nationale, toutes ces choses pourraient-elles être exposées à des enfants de douze ans? A peine nous est-il possible de placer quelques observations générales sur l'industrie et le commerce; et ce n'est que dans les dernières années, quand on s'occupe des temps modernes, et que ces observations deviennent d'une indispensable nécessité pour l'intelligence des faits politiques, ce n'est qu'alors qu'on entre dans le détail d'un ordre d'idées jusqu'à ce moment interdit. Mais les élèves restés étrangers à tout ce qui concernait l'activité industrielle et la manière de vivre des nations, ne comprennent pas la subite importance qu'on donne à des idées et à des faits auparavant négligés. Dans tous les cas, il leur est impossible d'en saisir l'enchaînement et la filiation; il leur est impossible d'en apprécier l'influence en ce qui concerne les peuples anciens, et par suite, d'en tirer la moindre conséquence relativement à l'organisation sociale des états modernes. Pourtant, si l'on ne veut pas que la jeunesse française continue d'ignorer les choses les plus essentielles à savoir; si l'on ne veut pas sacrifier éternellement à un vain luxe d'instruction littéraire les connaissances positives et usuelles dont il est honteux que nos élèves soient encore privés à leur entrée dans la vie, et lorsque le temps d'apprendre fait place au temps d'agir, il faut rendre aux faits dont nous parlons leur importance relative et absolue, il faut signaler à l'attention de notre jeune auditoire tout ce qui concerne les besoins et les usages de la vie matérielle, de la propriété, tout ce qui chez les divers peuples se rapporte à l'organisation du travail, à l'emploi des forces, au progrès des procédés industriels, à la répartition des fonctions sociales. Quand cette étude, qui correspondrait à notre cours de troisième année, ne ferait que préparer nos élèves à comprendre et à traiter de

bonne heure les questions d'ordre administratif et d'intérêts matériels, qui chaque jour prennent plus de place
dans la vie intellectuelle et politique des nations, ce serait déjà un avantage inappréciable, si nous en jugeons
par l'expérience du passé, et si nous nous rappelons à
travers quelles difficultés et par combien de mécomp-
tes et d'erreurs, les deux générations qui nous ont pré-
cédés, et la nôtre peut-être, se sont initiées à la pratique des affaires du pays. Ajoutez à cela la haute moralité de ce cours, la cause finale que nous lui assignons,
et qui consiste à montrer d'abord comment la somme du
bien-être et des avantages sociaux a augmenté pour la
masse du genre humain depuis les temps primitifs jusqu'à nos jours, et ensuite comment cette progression
a suivi dans toutes ses phases le développement des idées
de moralité sociale et d'équité absolue, de la même manière que l'effet suit la cause.

Afin de montrer, d'un autre côté, le danger d'un
enseignement qui expose les faits et qui les fractionne
par peuples et par périodes, sans en tirer aucune moralité, au lieu de les relier de manière à ce qu'ils présentent l'expression d'une loi providentielle, je prendrai
pour exemple les faits militaires. Assurément c'est la
chose dont on parle le plus dans les cours d'histoire,
parce que c'est celle que les élèves comprennent le
mieux; mais quel but donnons-nous à ces éternelles
luttes, à ces interminables duels de peuple à peuple, de
race à race? aucun; et cependant, quelle matière de-
manderait plus d'explication? Dans mon système, nous

réunissons sous un même point de vue tous les faits militaires, nous les groupons, nous les rapprochons comme le produit permanent d'une même idée, la manifestation constante d'un seul et même attribut, et nous pouvons du moins signaler à nos élèves la loi générale qui les domine.

La guerre, qui est, comme vous l'avez dit autrefois, Monsieur, l'instrument rapide du croisement des races et des idées; la guerre, profession naturelle et fatale en quelque sorte de certaines races, est née de l'instinct de conservation, instinct auquel les sociétés obéissent comme les individus. C'est là la première cause qui a pu armer les hommes les uns contre les autres, et cette cause a dû agir avec plus ou moins de fréquence et d'énergie, selon que les sociétés se croyaient plus ou moins menacées les unes par les autres dans leurs conditions d'existence. Ce n'est que par degrés, ainsi que l'histoire sociale nous en donne la preuve, que l'homme est parvenu à connaître et à exploiter les richesses infinies que la nature tient en réserve. Moins il a connu et employé la force d'action qu'il est appelé à exercer sur la nature, et plus il a dû réagir sur lui-même, plus il aura été porté à demander ou à ravir à ses semblables les moyens de conservation que la nature extérieure lui refusait ou qu'il ne savait pas découvrir

La question de l'état de guerre se trouve donc étroitement liée à celle du développement de la force productive dans l'humanité, ou plutôt c'est une seule et même question envisagée sous deux aspects différents. Nous pouvons la poser d'une manière générale, en disant que les individus et les sociétés chercheront d'autant moins à agir violemment les uns envers les autres, qu'ils seront arrivés à une plus grande puissance d'action sur la nature extérieure, ou bien encore que leur hostilité réciproque sera en raison directe de leur impuissance à produire, en raison inverse de leur développement industriel.

Ainsi, le droit de la guerre, le droit du plus fort, pris à son origine, dérive de la plus impérieuse des lois naturelles, et il n'y a pas de discussion à ouvrir sur sa légitimité. Il est dans la nature des choses que l'homme trouve dans l'homme, d'abord un obstacle, puis un aliment, puis une machine, enfin une marchandise, une monnaie, selon les temps et les lieux. Changez ses rapports avec la nature, indiquez le véritable emploi de ses facultés, l'homme verra dans l'homme un appui, il reconnaîtra son semblable, son prochain.

La conséquence immédiate de ces principes, conséquence qui sera inévitablement saisie par nos élèves, c'est qu'à mesure que les nations marcheront vers un état plus constant d'équilibre ou d'égalité en ce qui touche la satisfaction des besoins matériels et moraux, à mesure qu'elles s'habitueront aux échanges mutuels des produits et des forces de toute espèce, elles auront toujours moins d'occasions et de volonté de se

nuire ou de se combattre; ce sera l'association substi-
tuée à la division.

Encore une observation, Monsieur, et je m'arrête.
L'identité des faits à exposer pendant toute la durée
de l'enseignement historique, dans le système actuel,
est cause qu'il n'y a pas moyen de le diviser en notions
élémentaires et en notions supérieures, en cours du
premier et du second degré. Dans un certain nombre
de colléges, cet enseignement a été partagé entre deux
professeurs; mais le partage du travail n'implique pas
la division des matières; et de ce qu'il y a deux maîtres, il ne s'ensuit pas qu'il y ait deux ordres de faits
subordonnés l'un à l'autre. Ainsi, le professeur adjoint,
qui est ordinairement chargé de l'histoire ancienne et
de l'histoire romaine, et qui fait par conséquent la classe
aux divisions de sixième, de cinquième et de quatrième,
a une tâche exactement pareille à celle du professeur
titulaire qui ne s'occupe que des divisions supérieures.
Il a même une tâche plus difficile, plus ingrate, plus
impossible, si ce que nous avons observé en commençant est vrai, c'est-à-dire, si la perception des faits de
l'histoire ancienne demande des esprits plus mûrs et
plus exercés que celle des faits de l'histoire moderne.

Cette anomalie, qui ne se retrouve heureusement
dans aucune autre branche des études, disparaîtrait par
suite des modifications que je propose. Là, du moins,
il y aurait des cours élémentaires et des cours supérieurs, et l'enseignement pourrait être régulièrement

partagé entre deux maîtres, dont le premier prépare-
rait les élèves à suivre avec fruit les classes du second :
il y aurait de la hiérarchie dans les idées et dans les
personnes. Vous avez dû remarquer, en effet, combien
mes trois premiers cours, la géographie physique et historique, la chronologie, et l'histoire militaire, étaient
appropriés à l'usage et aux facultés des élèves qui débutent. Ce sont là vraiment les notions élémentaires de
la science, ce sont celles qui doivent commencer l'analyse des questions historiques ; elles contiennent les faits
sensibles par lesquels nous remontons à l'exposition des
idées. Les trois cours suivants, au contraire, intro-
duisent l'élève dans un monde nouveau : c'est l'appréciation des forces morales qui se traduisent en phénomènes extérieurs, c'est la théorie des facultés et du développement de l'homme social. Pour l'exposition de
ces trois ordres de faits, il faut des élèves autrement
exercés, il faut des professeurs autrement habiles que
pour les trois premiers : aussi la division du travail
s'opérerait d'elle-même. Et tandis que les professeurs
agrégés, les talents déjà éprouvés, seraient seuls chargés
des derniers cours, l'enseignement préparatoire pourrait être confié, soit aux élèves de l'École normale qui
n'auraient pas encore obtenu ou tenté l'agrégation, soit
aux jeunes fonctionnaires qui voudraient se consacrer
à l'enseignement spécial de l'histoire.

Je dirai à cet égard tout ce que je pense, et je n'i-
magine pas qu'on puisse prendre en mal l'expression
d'une conviction sincère : il y a une véritable incom-

patibilité entre l'enseignement des notions élémentaires telles que je les ai définies, et l'exposition des faits historiques d'un ordre plus élevé. Si cette difficulté ne se révèle pas dès l'abord au jeune professeur plein de sève et d'émulation, dont la mémoire fortifiée par l'exercice se fait un jeu de joindre les détails chronologiques et statistiques à l'appréciation des faits civils, législatifs et religieux, elle apparaît à la longue; elle se montre d'autant plus que le professeur, entraîné par son zèle, aura pris plus de goût à chercher l'histoire dans les textes, à comparer les historiens, à acquérir, en un mot, l'érudition archéologique et les connaissances positives sans lesquelles l'histoire n'est qu'un exercice de mnémonique. C'est alors qu'il éprouve une répugnance toujours croissante à descendre à ces détails, à ces notions élémentaires, qu'il ne perd jamais de vue, sans doute, mais dont la démonstration, par cela seul qu'elle est obligatoire, devient insipide et fatigante. Le professeur d'histoire, en effet, doit, dans le système actuel, être tour à tour instituteur primaire et professeur de philosophie; à deux heures d'intervalle il parle de l'ère du déluge et de l'organisation de la féodalité, de l'arrivée de Joseph en Egypte, et des variations du Système d'équilibre; il passe du langage et des idées appropriés à des enfants de douze ans, au langage et aux idées qui conviennent à des élèves de philosophie. Une partie de sa vie doit être consacrée à rapetisser, à diminuer, à rétrécir ses vues et ses paroles, pour être au niveau des plus jeunes; l'autre partie, à les étendre, à les généraliser, à les approfondir, pour être au ni-

veau des plus âgés. De là, au bout de peu de temps,
un dégoût incurable et une fatigue qui doit faire dégé-
nérer l'enseignement en une routine sans portée. En
créant deux ordres de professeurs, cet inconvénient
disparaît : l'enseignement des notions préliminaires devient un noviciat obligé auquel les futurs titulaires se
livrent avec zèle ; on utilise toutes les vocations, et l'on
prépare une nouvelle génération de maîtres également
laborieux et habiles.

J'en ai plus dit, Monsieur, que les bornes d'une lettre
ne me le permettaient ; j'en ai plus dit peut-être que
vous n'en lirez. Mais vous me pardonnerez d'avoir
voulu m'associer à vos intentions si droites et si larges
pour le progrès des études libérales et pour l'avenir
moral de notre pays.

Bordeaux, mars 1842.